지구를 살리는 그림책

지구를 살리는 위대한 지렁이

린다 글레이저 글 | 로레타 크루핀스키 그림 | 마술연필 옮김

보물창고

통통한 지렁이가 꿈틀꿈틀 움직여요.
마치 내 손가락이나 발가락 같아요!

지렁이는 서늘하고 어둡고 축축한 곳을 좋아해요.
그래서 나무뿌리가 이리저리 뻗어 있는 땅속 세상에 살지요.

지렁이는 온몸으로 소리를 들어요.
내가 땅 위를 쿵쿵 걸으면 천둥이 치는 줄 알걸요.

지렁이는 땅파기 달인이에요.
땅속에 척척 길을 내고 굴을 파죠.

지렁이에겐 손가락이나 발가락이나 삽도 필요 없어요!

손도 발도 없는데 어떻게 땅을 파느냐고요?
지렁이는 흙을 먹어 길을 만들고 앞으로 나아가요.

지렁이는 몸을 쭉쭉 늘리면 길어지고 가늘어졌다가
몸을 한껏 움츠리면 짧고 통통해져요.

늘렸다가 움츠리고, 늘렸다가 움츠리고
먹고 나아가고, 먹고 나아가고!

땅속에 이리저리 길을 내는 동안 지렁이는
계속해서 흙을 흩뜨리고 뒤섞지요.

그래서 지렁이는 흙을 훨씬 부드럽게 만들고
공기도 잘 통하게 해 줘요.

덕분에 식물의 뿌리들은 맑은 공기를 마시며 자랄 수 있어요.

지렁이는 눈도 없고 귀도 없고 코도 없어요.
오직 입밖에 없답니다.

지렁이도 우리처럼 먹을 게 필요해요.
지렁이는 흙과 썩은 나뭇잎들을 먹어요.

지렁이가 먹은 흙과 나뭇잎 조각들은
지렁이 몸 안에서 소화되어 거름이 되지요.

그렇게 지렁이가 만든 거름은
땅을 기름지게 만들어 식물들이 쑥쑥 크게 도와줘요.

우리가 땅 위를 열심히 가꿀 때
지렁이는 땅속의 도우미가 되어 줘요.

지렁이는 지구를 살리는 위대한 친구예요!

지렁이가 궁금해!

지렁이에 대해 더 알고 싶은 어린이 친구들의 궁금증을 풀어 드립니다.

지렁이는 사람을 무나요?
아니요. 지렁이는 이빨이 없기 때문에 아무도 물 수가 없답니다.

지렁이는 왜 끈적끈적한가요?
지렁이의 피부는 항상 촉촉해야 해요. 지렁이는 피부로 숨을 쉬기 때문이지요. 그리고 또 한 가지, 지렁이의 미끌미끌한 피부는 굴을 따라 움직이기 쉽게 도와줘요. 지렁이는 피부가 마르면 죽는답니다.

그런데 가끔 지렁이를 만지면 까끌까끌하게 느껴지는 건 왜 그럴까요?
만약 여러분이 손가락으로 아주 살살 지렁이의 배를 꼬리부터 머리까지 쭉 쓸어 본다면 까끌까끌한 부분을 느낄 수 있을 거예요. 왜냐하면 지렁이의 배에는 '강모'라고 불리는 까칠까칠한 털이 있거든요. 이 강모는 지렁이가 자신의 굴에 꼭 붙어 있을 수 있게 도와줘요. 새나 다른 동물들이 지렁이를 떼어 내려고 할 때 말이죠.

지렁이를 반으로 가르면 두 마리가 된다는 게 사실인가요?
아니요. 하지만 지렁이는 머리나 꼬리 끝부분이 조금 잘린다고 죽지는 않아요. 머리나 꼬리가 다시 자라나지요! 하지만 잘려 나간 부분이 또 다른 지렁이가 되지는 않아요.

지렁이는 얼마나 오래 살 수 있나요?
지렁이는 10년 넘게도 살 수 있다고 알려져 있어요. 하지만 지렁이를 위협하는 동물이 많기 때문에 대부분은 1년도 채 살지 못한답니다.

어떤 동물들이 지렁이를 잡아먹나요?
새, 도마뱀, 지네, 개구리, 두꺼비, 거북이, 스컹크, 뱀, 땅다람쥐, 두더지 등이 지렁이를 잡아먹어요. 두더지들은 지렁이를 잡아 자기 굴에 저장해 놓고 배고플 때마다 꺼내 먹기도 해요.

지렁이에게 가장 위험한 건 어떤 동물인가요?
이 지구 상에서 살충제를 든 사람만큼 지렁이에게 위험한 건 또 없을 거예요. 살충제는 수천 제곱미터 범위 안에 있는 수만 마리의 지렁이들을 한꺼번에 죽이기 때문이죠.

지렁이는 어떻게 겨울을 나나요?
지렁이는 얼지 않는 아주 깊은 땅속까지 내려가 굴속에서 웅크리그 겨울을 납니다.

지렁이 몸에 있는 두툼한 마디는 무언가요?
그건 우리말로 '환대'라고 불러요. 다 자란 어른 지렁이들은 모두 환대를 가지고 있는데, 지렁이의 알을 감싸는 고치를 만들어 내는 기관이에요. 짝짓기 후 지렁이의 환대에서는 고리 모양의 띠가 만들어져요. 이 띠가 지렁이의 머리 쪽으로 미끄러지듯 움직이면서 알을 모으고, 결국에는 머리 끝에서 벗겨져 지렁이 몸에서 떨어져 나가요. 그리고 이 띠는 그대로 봉해져 알 주머니인 고치가 되지요. 새끼 지렁이는 그곳에서 태어나요.

ⓒ Jim Thomas, Wikimedia

새끼 지렁이는 어떻게 태어나나요?

지렁이는 알에서 태어나요. 알은 아주 작은데 고치로 둘러싸여 있고, 한 고치에 보통 하나에서 20개 정도의 알이 들어 있지요. 그러나 부화하는 데 성공하는 알은 한두 개 정도라고 해요. 알에서 갓 깨어난 새끼 지렁이는 가느다랗고 흰 빛깔을 띠어요.

우리가 흔히 그리는 '벌레 먹은 사과'에 나타나는 지렁이는 어떤 종류인가요?

그건 지렁이가 아니에요. 애벌레 종류 중 하나지요. 흔히 지렁이라고 여겨지는 많은 벌레들이 진짜 지렁이가 아닌 경우가 많아요. '벌레 먹은 사과'처럼 자벌레, 나방 애벌레, 거저리 등과 헷갈린 거지요. 이들은 진짜 지렁이와 달리 작은 다리가 나 있기 때문에 구분할 수 있어요. 그리고 이런 애벌레들은 자라면서 나비, 나방, 딱정벌레 등으로 모습이 많이 변해요. 지렁이는 다리도 없고 자라면서 모습이 좀처럼 바뀌는 일도 없어요. 지렁이는 평생 지렁이로 살아가죠.

땅속에는 지렁이 같은 동물들이 또 있나요?

물론이에요. 회충, 끈벌레, 갯지네, 환형동물들을 비롯해 땅속에는 수많은 종류의 벌레들이 살아요. 지렁이도 환형동물의 한 종류지요. 환형동물이도 12,000여 종류가 있어요. 우리가 쉽게 볼 수 있는 종으로는 비료를 만드는 데 이용되는 붉은줄지렁이가 있고, 오스트레일리아 거대 지렁이처럼 보기 드문 특이한 종도 있답니다. 이 거대 지렁이는 그 길이가 무려 270cm가 넘는다고 해요.

지렁이는 왜 비가 오면 땅 위로 나오나요?
비가 오면 지렁이 굴이 물에 잠기는 데다가 그 물이 깨끗하지 않기 때문이라고 알려져 있어요.

왜 낮에는 지렁이를 자주 볼 수 없나요?
지렁이는 야행성 동물이에요. 한낮에 바깥으로 나왔다가는 햇빛 때문에 바짝 말라 버릴 위험이 있기 때문이죠. 지렁이들은 주로 밤에 먹이를 찾아 굴 밖으로 나온답니다.

지렁이를 보고 머리가 어느 쪽인지 구별할 수 있나요?
지렁이는 머리 부분이 살짝 더 뾰족해요. 그리고 다 자란 지렁이의 경우, 환대라고 불리는 응어리진 마디에서 가까운 쪽이 머리랍니다.

지렁이도 배와 등의 구분이 있나요?
있어요. 대부분의 지렁이들은 배 쪽이 좀 더 연한 색깔을 띠어요. 만약 여러분이 지렁이를 바닥에 뒤집어 놓으면 지렁이는 재빨리 배가 아래로 가도록 몸을 뒤집을 거예요.

낚싯바늘에 미끼로 끼워질 때 지렁이도 아픔을 느끼나요?
지렁이는 감각 기관을 가지고 있어 접촉에 매우 민감하게 반응해요. 실제로 미끼로 끼워질 때 지렁이는 꿈틀대며 반응하죠. 하지만 실제로 지렁이가 아픔을 느끼는지는 잘 알 수 없어요.

이렇게 작은 지렁이가 커다란 땅을 풍요롭게 하는 데 도움이 될까요?
물론 조그만 지렁이 한 마리가 할 수 있는 일은 많지 않아요. 하지만 작은 뜰에도 수천 마리의 지렁이가 살아요. 그들은 함께 흙을 뒤섞고, 흙에 맑은 공기를 전달해 줘 땅을 비옥하게 만들어요. 이 모든 도움들이 있어야 식물들은 잘 자랄 수 있죠. 그래서 지렁이의 역할은 매우 중요해요. 지렁이가 없다면 우리의 지구는 지금처럼 풍요롭고 아름다운 생명력을 가질 수 없을 테니까요.

린다 글레이저 오랫동안 친환경 정원과 벌레를 이용한 자연 퇴비에 관심을 가지고 연구해 왔다. 지렁이가 지구를 위해 하는 엄청난 일의 가치를 알리기 위해『지구를 살리는 위대한 지렁이』를 썼으며, 이 책은 미국과학교사연합(NSTA)과 어린이도서협회(CBC)이 추천하는 어린이 과학 도서로 선정되었다. 이외에도 자연과 환경에 관한 그림책과 동화책을 여러 권 썼으며, 현재는 미국 캘리포니아주 버클리에 있는 한 대학에서 영문학, 아동문학, 글쓰기를 가르치고 있다. 쓴 책으로『우리의 커다란 지구』,『멋쟁이 개구리』등이 있다.

로레타 크루핀스키 일러스트레이터이자 그래픽 디자이너로 일하다가 현재는 다양한 책에 글을 쓰고 그림을 그리고 있다. 자연과 동식물 그리고 무엇보다 바다를 소재로 한 그림을 그리는 화가로 유명해졌으며 여러 어린이 책에 그림을 그렸다. 그린 책으로『나의 색깔 나라』,『멋쟁이 개구리』등이 있다.

마술연필 어린이와 청소년을 위해 유익하고 감동적인 글을 쓰는 기획팀으로 다양한 책들을 꾸준히 펴내고 있다. 그중『우리 조상들은 얼마나 책을 좋아했을까?』는 초등학교 〈국어〉 교과서에 실렸으며, 옮긴 책으로『재미있는 내 얼굴』『화가 날 땐 어떡하지?』『달케이크』등이 있다.

●●●

〈지구를 살리는 그림책〉 함께 읽어 보세요˙

❶지구를 살리는 위대한 지렁이 ❷아마존 열대우림의 속삭임 ❸지구 생태계의 왕 딱정벌레
❹플라스틱 병의 모험 ❺빙빙빙 지구 소용돌이의 비밀 ❻지구의 파란 심장 바다
❼멸종하게 내버려 두면 안 돼 ❽알루미늄 캔의 모험 ❾그레타 툰베리, 세상을 바꾸다
❿지구 지킴이 레이첼 카슨 ⓫모두모두 함께라서 좋아 ⓬넌 할 수 있을 거야
⓭플라스틱 빨대가 문제야 ⓮북극곰 살아남다 ⓯지구 최고의 수영 선수 바다거북
⓰궁금해 거북이 궁금해 ⓱우리들의 작은 땅

지구를 살리는 그림책 1
지구를 살리는 위대한 지렁이

펴낸날 초판 1쇄 2016년 5월 30일 | 초판 3쇄 2024년 8월 20일
지은이 린다 글레이저 | 그린이 로레타 크루핀스키 | 옮긴이 마술연필 | 펴낸이 신형건 | 펴낸곳 (주)푸른책들·임프린트 보물창고 | 등록 제321-2008-00155호
주소 서울특별시 서초구 양재천로7길 16 푸르니빌딩 (우)06754 | 전화 02-581-0334~5 | 팩스 02-582-0648
이메일 prooni@prooni.com | 홈페이지 www.prooni.com | 인스타그램 @proonibook | 블로그 blog.naver.com/proonibook
ISBN 978-89-6170-545-5 77400

WONDERFUL WORMS by Linda Glaser, illustrated by Loretta Krupinski
Text Copyright © 1992 by Linda Glaser
Illustrations copyright © 1992 by Loretta Krupinski
All rights reserved.
This Korean edition was published by Prooni Books, Inc. in 2016 by arrangement with Millbrook Press, a division of Lerner Publishing Group, Inc., 241 First Avenue North, Minneapolis, Minnesota 55401, U.S.A. through KCC(Korea Copyright Center Inc.), Seoul.
이 책은 (주)한국저작권센터(KCC)를 통한 저작권자와의 독점계약으로 (주)푸른책들에서 출간되었습니다.
저작권법에 의해 한국 내에서 보호를 받는 저작물이므로 무단전재와 복제를 금합니다.

＊잘못된 책은 구입하신 곳에서 바꾸어 드립니다.
＊이 책 내용의 일부 또는 전부를 재사용하려면 반드시 저작권자와 (주)푸른책들 양측의 서면 동의를 얻어야 합니다.

＊이 도서의 국립중앙도서관 출판시도서목록(CIP)은 서지정보유통지원시스템 홈페이지(http://seoji.nl.go.kr)와
국가자료공동목록시스템(http://www.nl.go.kr/kolisnet)에서 이용하실 수 있습니다. (CIP제어번호:CIP2016008039)

＊보물창고는 (주)푸른책들의 유아, 어린이, 청소년 도서 전문 임프린트입니다.

(주)푸른책들은 도서 판매 수익금의 일부를 초록우산 어린이재단에 기부하여 어린이들을 위한 사랑 나눔에 동참합니다.

지구를 살리는 그림책